Contraste insuffisant
NF Z 43-120-14

Illisibilité partielle

Couvertures supérieure et inférieure
en couleur

LA

PREMIÈRE AMBASSADE VÉNITIENNE

A LOUIS XI

12 OCTOBRE 1461. — MAI 1462

PAR

P. M. PERRET

(Extrait de la Revue d'Histoire Diplomatique)

PARIS

AU BUREAU DE LA REVUE

10, BOULEVARD RASPAIL, 10

(6)

ANGERS, IMP. BURDIN ET Cⁱᵉ, RUE GARNIER, 4

LA

PREMIÈRE AMBASSADE VÉNITIENNE

A LOUIS XI

12 OCTOBRE 1461. — MAI 1462

PAR

P. M. PERRET

(Extrait de la *Revue d'Histoire Diplomatique*)

PARIS

AU BUREAU DE LA REVUE

10, BOULEVARD RASPAIL, 10

LA PREMIÈRE AMBASSADE VENITIENNE

A LOUIS XI

(12 OCTOBRE 1461 — MAI 1462)

Au moment où Louis XI monta sur le trône (22 juillet 1461),
deux événements occupaient les esprits en Italie : d'abord la ville
de Gênes, qui en 1458 s'était donnée à Charles VII, venait de chas-
ser sa garnison française (mars 1461) et s'était érigée en république [1] ; puis les Turcs, un instant arrêtés par Scanderbeg, venaient
de faire la paix avec lui et se montraient déjà sur les frontières
du royaume de Bosnie qui seul les séparait de l'Italie. La révolution génoise, accueillie avec plaisir par Sforza qui convoitait Gênes
et qui espérait que les dissensions intestines, dont cette ville ne
pouvait manquer d'être déchirée, la lui livreraient bientôt, et
presque avec indifférence par les Florentins, offrait à Venise un
plus faible intérêt que les progrès des Turcs : ceux-ci, en mena-
çant ses possessions orientales, touchaient directement la République, ce qui devait la pousser à provoquer dans la chrétienté un
grand mouvement de résistance capable, sinon de les refouler en
Orient, au moins d'entraver leur marche vers l'Occident.

Dans ces circonstances, quelle serait l'attitude du nouveau roi
de France? Allait-il revenir aux errements de Charles VII, renou-
veler contre les Turcs les vagues protestations dont celui-ci durant
tout son règne avait fait retentir la chrétienté, qu'il avait encore
prodiguées à la diète de Mantoue, protestations platoniques du

---

1) Vaesen et Charavay, *Lettres de Louis XI* (Société de l'hist. de France),
I, P. J. n° 100. Milan, 20 juillet 1461. Le duc de Milan rend compte au dauphin de la défaite des Français et de René d'Anjou par les Génois.

reste, et qui jamais n'avaient été suivies d'effets? Allait-il au contraire, par un de ces virements de politique qui plaisent tant aux jeunes souverains, se souvenir qu'il avait porté le titre de gonfalonier de l'Église [1] et se mettre à la tête de cette nouvelle croisade que tous les états italiens appelaient de leurs vœux, sans oser l'entreprendre d'eux-mêmes?

En ce qui concerne ses intentions sur Gênes, l'incertitude était encore plus grande. Louis XI allait-il inaugurer sur le trône la politique qu'il avait pratiquée comme dauphin et qui consistait à agrandir Sforza aux dépens des autres puissances italiennes et le laisser s'implanter à Gênes? Allait-il au contraire se retourner contre son ami de la veille, dont il connaissait les ambitieuses visées, répudier la politique de sa jeunesse pour adopter la politique traditionnelle de ses prédécesseurs, c'est-à-dire rétablir la domination française à Gênes, de façon à avoir un pied en Italie et être plus à portée de soutenir, s'il lui en prenait envie, les entreprises angevines sur le royaume de Naples, les prétentions orléanaises sur Milan [2]? Dans ce cas, peut-être cherchait-il à lier ces questions les unes aux autres, et à ne promettre aux gouvernements qui y étaient le plus intéressés son assistance contre les Turcs qu'après avoir obtenu leur concours, ou tout au moins s'être assuré de leur neutralité quand il tenterait le recouvrement de Gênes et l'exécution de ses projets sur Naples et Milan.

De sa conduite passée il était assez malaisé de préjuger sa conduite future. Si, en 1453 [3], il avait offert à la Seigneurie de Venise de l'aider dans sa guerre contre Sforza (et ses propositions allaient être acceptées sans la paix de Lodi) [4], il s'était plus tard jeté dans les bras de ce même Sforza : il venait même

---

1) Lunig, *Codex diplomaticus Italiæ*, IV, 182. La Seigneurie de Venise le félicita le 11 mars 1446 de cette nomination dont il lui avait fait part. (Vaesen, *op. cit.*, I, P. J. n° 38.)

2) V. sur les vues de Louis XI, dans Desjardins, *Négociations diplomatiques de la France avec la Toscane*, I, 127, le rapport des ambassadeurs florentins qui lui avaient été envoyés (13 et 14 mars 1462).

3) Vaesen, *op. cit.*, I, P. J. nos 59 (31 août 1453); 60 (11 décembre 1453); 61 (14 janvier 1454); 62 (26 avril 1454).

4) Dumont, *Corps universel diplomatique*, etc., III, 202.

de conclure avec lui, le 6 octobre 1460 [1] une ligue offensive et défensive. D'autre part on le savait fort habile, très au courant des affaires italiennes, auxquelles il était mêlé depuis quinze ans : il n'était donc pas probable qu'il resterait à l'écart de ce qui se ferait dans la péninsule : tout, au contraire, faisait présumer qu'il exercerait une influence prépondérante sur les événements qui sortiraient de la révolution génoise et qui pouvaient bouleverser l'Italie, et sur les décisions que les princes occidentaux prendraient à l'égard des Turcs.

Telles étaient les préoccupations qu'inspirait à Sforza, aux Florentins et à Venise, l'avènement de Louis XI. Parmi ces amis de la France, les Vénitiens, les premiers, voulurent être fixés [2] et lui envoyèrent le 12 octobre deux ambassadeurs, Bernard Justiniani et Paul Barbo. Les instructions qu'ils emportaient, rédigées par les Sages du Conseil et les Sages de Terre ferme [3], trahissaient les inquiétudes que nous venons de signaler.

Les deux envoyés devaient s'arrêter à Milan, visiter le duc au nom de la Seigneurie, lui témoigner le chagrin qu'elle éprou-

---

1) Lunig, *op. cit.*, III, col. 622. La ratification du dauphin est du 1er juin; celle de Sforza du 26 juillet. (V. Vaesen, *op. cit.*, I. P. J. nos 84, 85, 86.)

2) L'ambassade florentine, composée de Philippe de Medicis, Pierre de Pazzi et Bonnacorso Pitti, se mit en route le 28 octobre 1461. (Desjardins, *op. cit.*, I, 127); la milanaise, composée de Pierre de Pusterla, de Thomas Arieto et de Laurent de Pesaro ne partit que le 15 novembre, quoique Louis XI eût demandé son envoi dès le 29 août (Vaesen, *op. cit.*, II, n° 4). Le duc avait sans doute différé son départ, afin de pouvoir auparavant écouter l'exposition de l'envoyé français, Jean de Croy, que Louis XI lui dépêcha le 24 septembre (Vaesen, *op. cit.*, II, n° 9), et auquel le duc répondit le 12 novembre (Buzer, *Die Beziehungen der Mediceer zu Frankreich.* Leipzig, 1879, 405), et préparer en conséquence les instructions de ses envoyés (*Ibid.*, 104).

3) Elles avaient été approuvées par 144 voix. Archives de Venise, Senato. Deliberazioni secrete, XXI, fol. 60.

Justiniani, à la fois diplomate et historien, était en grande réputation : Louis XI l'arma chevalier, et Justiniani le remercia de cette distinction par une harangue latine qu'il prononça devant lui à Tours, le 6 janvier. La *Serie delle ediz. Aldine* prétend que cette allocution a été imprimée par Alde en 1501 : mais Renouard (*Annales de l'imprimerie des Aldes*, 3° édit., Paris, 1824, p. 52) affirme ne l'avoir pu retrouver ; la Bibliothèque nationale en possède au moins deux copies manuscrites (mss. lat. 4154, fol. 201 v°, et 8740, fol. 117). A son passage à Paris, l'Université rendit à Justiniani des honneurs extraordinaires et vint le visiter. Il la remercia de cet empressement par un discours latin qui a été imprimé comme le précédent dans l'édition des OEuvres de Justiniani, donnée à Venise en 1492 (fol. 144 et 146). V. sur Justiniani : Stella (Ant.), *B. Justiniani patritii venetii senatorii equestris, procuratoriique ordinis viri amplissimi vita*, Venise, 1555, in-8°.

vait de sa maladie[1] et lui porter ses vœux de prompt rétablisse-
ment : ils visiteraient pareillement la duchesse et son fils Ga-
léas Marie. Dans le cas où François Sforza leur offrirait de
faire route avec les ambassadeurs qu'il dépêchait à Louis XI et
leur demanderait de leur prêter leurs bons offices auprès du roi,
il était soigneusement prescrit à Justiniani et à Barbo de s'abs-
tenir autant que possible de ce voyage en commun, de le décliner,
en prétextant les difficultés avec lesquelles seraient aux prises
pour trouver des logements, des vivres, etc., les deux légations
et leurs nombreuses suites, si elles étaient réunies ; en revanche
ils promettraient d'assister de leur mieux à la cour de France
leurs collègues milanais. — En Savoie, ils excuseraient auprès
du duc la Seigneurie de ce que des galères vénitiennes ont
attaqué celles de la reine de Chypre : cette agression a été faite
à l'insu du gouvernement vénitien qui a ordonné une en-
quête.

Ces préliminaires épuisés, les instructions délimitaient minu-
tieusement, afin d'éviter toute surprise, le champ d'action dans
lequel Justiniani et Barbo pourraient se mouvoir en France.
Chargés officiellement et en apparence de transmettre au roi les
compliments de condoléance de la Seigneurie à propos de la
mort de son père, et de le féliciter de son avènement, ils avaient
en réalité pour mission de pénétrer ses desseins sur Naples et
Gênes. La Seigneurie avait appris que Louis était très sollicité
d'empêcher le duc de Milan d'occuper cette ville et de la recon-
quérir pour son compte : si le roi les entretenait de ses vues et les
interrogeait sur le rôle que jouerait la République, le jour où il
ferait une tentative sérieuse contre Gênes, Justiniani et Barbo ob-
serveraient la plus grande circonspection et se contenteraient de
déclarer que la Seigneurie s'est toujours appliquée à demeurer
étrangère aux événements dont Gênes avait été le théâtre, et
qu'elle ne se départira pas de sa réserve. On leur remettait à
cet effet copie de la réponse faite à ce sujet aux ambassadeurs

----

1) François Sforza souffrait d'une fièvre lente qui dégénéra en hydropisie.
(Corio, *Storia di Milano*, Milan, 1503, in-fol. ad annum 1461).

de Charles VII, venus à Venise en 1459 [1]. Quant aux intentions
du duc de Milan, si Louis XI y faisait allusion, ils feindraient de
les ignorer et être sans mandat sur ce point. Quelque priés
qu'ils en puissent être, ils laisseraient dans ce cas les orateurs
milanais agir seuls et à leur guise.

Les instructions abordaient ensuite la question turque : sans
formuler contre les Turcs un plan de campagne précis et sans
toutefois y mettre trop de hâte, Justiniani et Barbo devraient
exposer à Louis XI le développement constant de la puissance
ottomane, rappeler le zèle dont la maison de France a toujours
été animée contre ces ennemis de la foi et exprimer l'espoir
que le nouveau roi marcherait sur les traces de ses prédécesseurs : son exemple entraînerait les autres princes chrétiens
hésitants à entreprendre une croisade qui n'a jamais été plus
nécessaire. Justiniani et Barbo feraient en particulier au duc de
Bourgogne une communication analogue, en lui donnant à en-
tendre toutes les espérances que les Italiens ont fondées sur
lui qui, autrefois, a secondé avec une si noble ardeur les projets
de croisade, examinés à la diète de Mantoue. Ils profiteraient de
cette entrevue pour recommander à Philippe le Bon les Vénitiens
qui trafiquent dans ses États, les prier de respecter les privilèges
et les franchises qu'il leur a accordés, et lui annoncer que, con-
formément au désir qu'il a témoigné, les galères du voyage de
Flandre, au lieu d'aller à Anvers cette année, iront à l'Écluse.
— Enfin, et c'est ce qui terminait ces copieuses instructions,
les orateurs vénitiens avaient ordre de se plaindre au roi des
empêchements que Jacques et Léonard Zeno, créanciers de
Jacques Cœur, rencontraient pour se faire rembourser, et des
embarras suscités aux galères de la République du voyage
d'Aigues-Mortes par un Florentin, Édouard de Bardi, établi
dans cette ville.

Le 20 octobre [2], la Seigneurie reçut du capitaine de mer l'annonce

1) Nous avons publié cette réponse, *Bibliothèque de l'École des Chartes*, L (1889),
559.

2). Le même jour, les Sages du Conseil et Paul Morosini, Sage de Terre
ferme, avaient proposé au Sénat de compléter les instructions du 12 octobre,
en enjoignant à Justiniani et à Barbo, si, durant leur séjour en France, le duc

que les Turcs, après avoir défait Ussun Hassan, s'étaient emparés de Trébizonde. Dès lors, la légation vénitienne subit en quelque sorte une déviation : les événements purement italiens qui, jusqu'à cet instant, avaient été son principal objet, sont relégués à l'arrière-plan : les Turcs, les obstacles à leur opposer accaparent toute l'attention des hommes d'État vénitiens; soit par habileté, pour éviter de se prononcer sur les affaires irritantes de l'Italie occidentale, soit qu'en toute sincérité leurs craintes fussent au diapason de l'expression qu'ils leur donnaient, ils ne paraissent plus redouter qu'une invasion ottomane. C'est la matière de toute leur correspondance avec leurs envoyés.

Le même jour [1], Nicolas Canal, Sage de Terre ferme, fait remarquer au Sénat que, lorsque Justiniani et Barbo ont reçu leurs instructions, on ne savait rien de positif sur l'issue de l'expédition d'Ussun Hassan : depuis, tout est changé, et on ne peut plus conserver d'espoir; on devait donc, suivant lui, faire part de ces tristes nouvelles aux ambassadeurs qui les communiqueraient au roi de France et, à cette occasion, l'exhorteraient avec plus d'instance encore à diriger cette campagne contre les ennemis de la chrétienté, et lui représenteraient quelle efficacité aurait son exemple, et la gloire qu'il acquerrait en assurant le succès de cette sainte entreprise. — La motion de Canal réunit 129 voix.

Après quelques jours de réflexion, quand l'affolement de la première heure fut passé, la Seigneurie estima que, le 20 octobre, le Sénat avait cédé à un sentiment de timidité, indigne de la sagesse et du sang-froid qui le caractérisaient d'ordinaire : aussi, le 26, les Sages du Conseil et les Sages de Terre ferme, après lui avoir exposé les dangers de cette précipitation, l'engagèrent-ils presque à se déjuger, à révoquer les lettres que, sous l'inspiration de Nicolas Canal, il avait fait écrire à Justiniani et à Barbo, et à leur

de Bourgogne ne paraissait pas à la cour, de se rendre auprès de lui pour lui parler de la croisade projetée : mais 63 sénateurs seulement votèrent cette motion : Laurent Mauro, Albain Capello, Dominique Zorzi et Nicolas Canal, Sages de Terre ferme, mirent aux voix la résolution de s'en tenir aux termes consignés dans la commission du 12 octobre; et le Sénat leur donna raison par 86 voix : il y eut 5 opposants et 8 abstentions. (Arch. de Venise, Senato. Deliberazioni secrete, XXI, fol. 62 vo.)

1) Arch. de Venise, *ibid.*, XXI, fol. 63.

enjoindre de s'en tenir à leurs instructions primitives, tout en leur confirmant les nouvelles que contenaient ces lettres. Nicolas Canal défendit l'avis dont il était l'auteur : mais 48 votants seulement se rangèrent de son côté, tandis que l'opinion de ses collègues prévalut avec 116 suffrages [1].

La patience préconisée par les Sages du Conseil et les Sages de Terre ferme ne plaisait pas à tout le monde : le 13 novembre [1], Laurent Mauro, Conseiller, et Dominique Zorzi soumettaient au Sénat un projet de dépêche par laquelle Justiniani et Barbo recevaient l'ordre d'instruire en toute hâte la Seigneurie des dispositions que Louis XI leur marquerait touchant les Turcs, et de ne pas quitter sa cour avant de connaître les volontés de leur gouvernement. Cette lettre était adoptée par 91 voix. Les partisans de la temporisation, c'est-à-dire les Sages du Conseil et les Sages de Terre ferme, à l'exception de leur collègue Zorzi, essayèrent de différer le départ de ces prescriptions, mais ils furent battus et ne recueillirent que 78 suffrages.

A ce moment, Venise se désintéresse de plus en plus de ce qui peut survenir en Italie; toutes ses pensées sont tournées vers les Turcs. Ainsi, quand l'orateur du duc de Milan vint notifier à la Seigneurie les réclamations que Jean de Croy avait faites à Sforza de la part de Louis XI [2], et sollicita un conseil, celle-ci les écouta d'une oreille distraite. Le 13 novembre, les Sages du Conseil et Sages de Terre ferme présentaient au Sénat un texte de réponse assez impertinent où, après avoir remercié Sforza de sa commu-

---

1) *Ibid.*, fol. 63 v°. Dans la même séance, le Sénat décidait par 178 voix d'informer Pierre Tomaso, orateur vénitien en Hongrie, des démarches qu'il faisait faire auprès de Louis XI, afin qu'il en donne connaissance à Mathias Corvin (*ibid.*, fol. 65.)

2) *Ibid.*, fol. 67, v°.

3) V. plus haut et Buzer, *op. cit.*, 405. Les réclamations du roi de France portaient sur quatre points : 1° il demandait à Sforza, pour faire renoncer le duc d'Orléans à ses prétentions sur le Milanais, de consentir à céder à ce dernier ou des terres ou une rente, ou tout au moins de conclure une longue trêve ; 2° il priait Sforza de l'aider à recouvrer Gênes ; la 3° demande était relative à l'entente intervenue au détriment du roi René entre le duc de Milan et le roi de Naples, à la suite du mariage de la fille du premier avec le fils du deuxième ; enfin Louis XI proposait à Sforza d'échanger sa qualité de vassal de l'Empire contre celle de pair de France.

V. aussi R. de Maulde, *Hist. de Louis XII*, Paris, 1889, I, 177 et suiv.

nication qui témoigne de sa confiance en elle, la Seigneurie se dérobait à l'honneur périlleux de cette consultation. Sforza a su traverser avec tant de bonheur toutes les crises de sa vie que, cette fois encore, elle en est du moins persuadée, il imaginera un expédient que pourra avouer sa prudence passée et fournira à Louis XI des assurances qui, tout en affermissant Sforza à Milan, ne pourront qu'agréer au roi. 156 sénateurs approuvaient cette déclaration [1].

Quelques jours après, la Seigneurie prenait en tout autre considération l'invitation, que lui faisait le pape par son orateur, d'associer ses efforts aux siens pour ramener la paix en Italie, de façon à ce que tous les états de la péninsule s'unissent ensuite et sans arrière-pensée contre les ennemis de la foi. Dans les explications qu'il donna en retour au souverain pontife (8 décembre) [2], le Sénat lui certifiait être en communion d'idées avec lui et le lui prouvait en lui apprenant qu'il n'avait pas attendu d'être convié pour agir, et que deux ambassadeurs de la République étaient déjà en France à implorer l'appui du roi.

Cependant Justiniani et Barbo étaient arrivés à la cour de France alors en résidence à Tours [3] : par leurs lettres, datées des 11, 12, 18, 22 et 30 décembre 1461 et du 1er janvier 1462 [4], ils rendirent compte à la Seigneurie de leurs entretiens avec le roi et avec les personnes qu'il avait désignées pour conférer avec eux.

Rien, comme on le sait, ne faisait présager au début de son règne les discordes intestines qui allaient éclater par la suite : aussi Louis XI ne paraît-il pas avoir fait plus mystère aux orateurs vénitiens qu'aux orateurs florentins [5] qu'il songeait à tirer

---

1) Arch. de Venise, Senato. Deliberazioni secrete, XXI, fol. 67.

2) *Ibid.*, fol. 71. Ces explications étaient l'œuvre des Sages du Conseil, de Nicolas Bernardo, d'Orsat Justiniani, de Guillaume Quirini et de Zacharie Trevisan.

3) Vaesen, *op. cit.*, II, nos 17, 18, 19 et 20.

4) Nous n'avons pu retrouver ces lettres, mais la réponse du Sénat permet à peu près de reconstituer leur contenu.

5) Desjardins, *op. cit.*, p. 127. Le 20 septembre, il avait pareillement invité Sigismond Malatesta, seigneur de Rimini, à soutenir René, roi de Sicile, et Jean, duc de Calabre, son fils, dans leurs tentatives pour rentrer en possession du royaume de Naples (Vaesen, *op. cit.*, n° 8).

parti de cette tranquillité pour rétablir sa domination à Gênes et conquérir Naples à la dynastie angevine. Il ne se montra pas moins enclin à combattre énergiquement les Turcs : mais tandis que Venise espérait divertir son attention de l'Italie par la croisade, Louis XI [1] voulait exploiter les craintes que les Turcs causaient aux Vénitiens, et ne leur promettre son concours dans une guerre sainte qu'après avoir obtenu leur assistance pour l'accomplissement de ses desseins en Italie. Il fit valoir son éloignement du théâtre de la guerre, allégua que deux routes seulement conduisaient en Turquie : l'une par l'Allemagne et la Hongrie, et elle était rendue impraticable par les différends de l'empereur et de Mathias Corvin; l'autre par Gênes, et c'est la plus commode, car une flotte transporterait facilement dans le royaume de Naples une armée qui, après avoir relâché à Brindisi, débarquerait à Durazzo : sa conclusion était qu'il ne pouvait rien entreprendre s'il n'avait préalablement en son pouvoir Gênes et Naples; afin d'en devenir maître plus rapidement, il demandait le secours de la Seigneurie [2].

Le 22 janvier 1462 [3], les Sages du Conseil et les Sages de Terre ferme lisaient au Sénat, qui l'approuvait [4], une dépêche à Justiniani et à Barbo, où ils réfutaient et discutaient les arguments du roi : les ambassadeurs devaient les lui répéter. En premier lieu, ils attesteraient qu'en ce qui regardait Gênes et Naples, la Seigneurie persévérerait dans la neutralité que, par égard envers la maison de France, elle s'était fait un devoir de garder strictement; elle y persévérerait d'autant mieux que son intervention en Italie l'empêcherait de consacrer toutes ses forces à repousser les Turcs; or, jamais le danger n'a été plus pressant :

1) Le 30 janvier, le Sénat écrivait au pape que la République avait envoyé une ambassade en France, *nullam aliam ob rem quam ad exhortandum et inducendum eam Majestatem ad suscipiendam impresiam contra Turcos ut per consequens cogitamina sua ab rebus regni et Janue divertere possit*; car malheureusement, *rem ipse constanter hactenus persistere videtur prius regnum et Januam obtinendi.* (Arch. de Venise, Senato. Deliberazioni secrete, XXI, fol. 76.)
2) Arch. de Venise ; *ibid.*, XXI, fol. 75 v°.
3) *Ibid.*
4) Par 134 voix; il n'y eut pas d'opposants et seulement 2 bulletins nuls.

le roi de Hongrie est près de succomber, ayant à lutter à la fois contre les Ottomans et contre l'Empereur ; une paix, honteuse pour lui et funeste à tous les autres États chrétiens, peut seule le sauver. La position du roi de Bosnie et du duc Étienne n'est pas moins critique. Quant à faire traverser une armée de Brindisi à Durazzo, il n'y faut pas penser : les Turcs, comme ils s'en vantent du reste, occuperaient certainement ces deux villes avant l'arrivée de la flotte française.

Incidemment les ambassadeurs préviendraient le roi du désir qu'avait le pape de faire contribuer le clergé aux frais de la croisade, en décrétant la levée de décimes extraordinaires sur les biens ecclésiastiques.

Ce message dut singulièrement déconcerter Justiniani et Barbo : soit qu'ils eussent été troublés par les avertissements contradictoires de la Seigneurie, soient qu'ils eussent été captivés par Louis XI qui s'entendait, mieux qu'homme du monde, à séduire les personnes dont il entreprenait la conquête, il semble qu'ils avaient dépassé leurs instructions ; s'ils n'avaient pas été jusqu'à consentir au nom de leur gouvernemeut des engagements, subordonnant à la participation éventuelle du roi à la croisade, la participation de Venise dans l'exécution de ses plans en Italie [1], ils s'étaient du moins avancés jusqu'à lui prôner cette politique. La Seigneurie ne les blâma pas ostensiblement, mais elle leur sut très mauvais gré d'une initiative, si en désaccord avec ses aspirations secrètes, et elle ne tarda pas à les rappeler. Le 8 février [2], sur la motion des Sages du Conseil et des Sages de Terre ferme, le Sénat, considérant d'une part que, à en juger d'après les dernières lettres de Justiniani et de Barbo, le roi leur a en quelque sorte donné leur audience d'adieu avant de partir

---

1) Cosme de Médicis disait le 26 janvier à Nicodème de Pontremoli, agent du duc de Milan à Florence : « havere da Venesia che Venitiani anche se tenevano poco satisfacti da loro ambaxiatori, quali per parte del Re confortano d'essere aiuto al duca Zohanne, et che obtenuto havesse el reame Sua Majesta subveniria loro bixognando contra el Turcho de 30ᵐ combatenti, maxime etiam quando havesse obtenuto Zenoa, et che Venitiani dicevano questi esser promesse cum troppo avantagii et da fare ad gente grossa ». — Nicodème de Pontremoli à Sforza, Florence, 26 janvier 1462. Bibl. nat., ms. ital 1589, fol. 46 (Orig.).

2) Arch. de Venise. Senato. Deliberazioni secrete, XXI, fol. 77 v°.

pour Bordeaux [1], et que, d'autre part, il ne tentera rien contre les Turcs avant les autres princes chrétiens, décida [2] de mander à ses agents, au cas où ils n'auraient pas accompagné Louis XI vers ces frontières lointaines [3], de prendre congé de lui par écrit et de regagner Venise.

D'un autre côté, l'insistance de Justiniani et de Barbo à lui parler des Turcs ne paraît pas avoir été du goût de Louis XI; il se plaignit de l'importunité des Vénitiens aux agents milanais Pierre de Pusterla et Laurent de Posaro [4] : il leur répéta qu'il ne ferait rien avant d'avoir Gênes et la certitude que le duc Jean de Calabre serait mis en possession du royaume de Naples ; dans ces conditions et si le duc de Bourgogne ne renonçait pas à participer à la croisade, il destinerait 30,000 combattants contre les mahométans [5].

Justiniani et Barbo étaient rentrés à Venise avant le 21 mai 1462 [6].

1) Louis XI était à Bordeaux le 15 mars. (Vaesen, *op. cit.*, II, n° 23.)

2) Par 104 voix contre 2 opposants et 2 abstentions.

3) Dans la délibération analysée plus haut, il est dit de Bordeaux : « *locus valde remotus et in finibus terræ* ».

4) Bibl. nat., ms. ital. 1649, fol. 46, Tours, 5 janvier 1462. Pierre de Pusterla et Laurent de Pesaro au duc de Milan (copie du xixe siècle). Louis XI conserva longtemps un mauvais souvenir de Justiniani et de Barbo, mais surtout de ce dernier : au mois de janvier 1464, il parlait de lui encore avec ressentiment à l'agent milanais, Alberic Maletta. Bibl. nat. ms., ital. 1593, fol. 25. Arras, 30 janvier 1464. Maletta au duc de Milan.

5) Ces faits concordent entièrement avec l'appréciation que fait Thomas Bazin des ambassades italiennes (et de celles de Venise en particulier) qui vinrent saluer Louis XI après son couronnement (*Hist. des règnes de Charles VII et de Louis XI*, par Thomas Bazin, éd. de la Société de l'histoire de France, II, 43) : Chastellain, égaré par sa partialité envers les ducs de Bourgogne, doit donc se méprendre lorsqu'il écrit à propos de la mission vénitienne : « Et fit (Louis XI) deux chevaliers de la nation de Venise à grand mistere venir et leur fit honneur et grande chere; et eux pareillement se offrirent prompts à tous jours et prests de le servir et obeyr comme le souverain roy du monde et le plus à doubter comme bien savoient demonstrer les causes et circonstances » (éd. Kervyn de Lettenhove, IV, 199.)

6) A cette date, le Collège liquidait les frais de leur voyage. Le jour de leur départ (12 octobre 1461), les conseillers du doge, pour subvenir à leurs besoins, leur avaient fait ouvrir chez les correspondants ou à la succursale en France du banquier Jean Superantio, un crédit de 1,500 ducats, qu'ils pourraient tirer sur lui au moyen de lettres de change; le remboursement de cette somme avait été imputé à Jean Superantio sur les revenus de l'office du sel; or le 20 octobre, le Sénat décréta que cet office devrait verser 6,000 ducats par mois à la procuratie. Superantio craignit alors qu'en vertu de cette décision, l'office du sel ne se refusât à lui rembourser les avances qu'il avait faites aux ambassa-

En résumé, des deux buts que la Seigneurie poursuivait par cette mission, sonder les intentions de Louis XI quant à Naples et à Gênes et l'armer contre les Turcs, elle atteignit pleinement le premier et manqua tout à fait le second. Un autre résultat peut-être inattendu fut de lui apprendre qu'il y avait alors sur le trône de France — ce qu'on n'avait pas vu depuis longtemps — un prince qui savait ce qu'il voulait et qui, à l'instant propice, pourrait mettre au service de son ambition toutes les ressources d'une ferme et subtile intelligence, assouplie encore par son commerce avec les ultramontains. Cette leçon que lui rapportaient ses ambassadeurs resta lettre morte pour la Seigneurie : au mépris de ses véritables intérêts, pour des causes futiles, elle s'aliéna son bon vouloir et se ligua avec ses adversaires : il lui fallut quinze ans, jusqu'à la paix de 1478, pour reconnaître son erreur et s'apercevoir, comme nous avons essayé de le démontrer ailleurs [1], que Louis XI était le souverain d'Occident le plus capable de favoriser (et c'est le souci qui domine tous les actes de la Seigneurie) le trafic de ses citoyens ou de lui nuire.

P. M. PERRET.

deurs avant d'avoir opéré le versement à la procuratie : le 23 octobre, les Conseillers du doge admirent le bien fondé des observations de Superantio et déclarèrent que l'arrêt pris par le Sénat le 20 octobre et relatif à l'office du sel n'abrogeait pas celui du 12 du même mois et relatif au remboursement de Superantio (Archives de Venise, Collegio, Notatorio, XVIII, fol. 40). Mais d'autres difficultés survinrent : les règlements en vigueur, sous peine d'une amende de 500 ducats interdisaient au caissier de l'office du sel d'ordonnancer à qui que ce soit une somme quelconque, (exception faite pour les 6,000 ducats de la procuratie), tant qu'il n'aurait pas compté à Jean Superantio les 1,500 ducats qui lui avaient été assignés sur sa caisse ; or Justiniani et Barbo, ménagers des deniers de l'État, ne prenaient de l'argent qu'au fur et à mesure de leurs besoins et n'avaient pas encore touché cette somme intégralement, ainsi que le Collège avait pu le vérifier sur les livres de Superantio. Le 30 janvier 1462, les conseillers du doge expliquèrent le cas au Sénat et lui demandèrent de déroger pour cette fois seulement à ce règlement ; ce à quoi le Sénat consentit à l'unanimité (ibid., Senato, Terra, IV, fol. 189). Enfin, à leur retour, un reliquat dont la valeur n'est pas mentionnée demeurait entre les mains de Justiniani et de Barbo ; le 21 mai, les conseillers prirent sur eux de disposer de ce boni ; 75 ducats seraient remis à Mathieu Victuri en payement de pareille somme qu'il avait prêtée à la Seigneurie, et le reste serait envoyé à Paul Morosini et employé aux travaux de la ville de Corbola (province et arrondissement de Rovigo) dont les besoins financiers étaient urgents (ibid., Collegio, Notatorio, XVIII, fol. 60 v°.)

1) Biblioth. École des Chartes. — LI (1890), p. 111 et s.

ANGERS, IMP. BURDIN ET Cie, RUE GARNIER, 4